시간의 여울에서

시간의 여울에서

2009년 제 1판 인쇄 발행 · 2010년 제 2판 인쇄 발행
2022년 6월 10일 제 3판 인쇄 발행

지 은 이 ㅣ 오 현
펴 낸 이 ㅣ 박종래
펴 낸 곳 ㅣ 도서출판 명성서림

등록번호 ㅣ 301-2014-013
주   소 ㅣ 04552 서울시 중구 삼일대로8길 17 3~4층(충무로 2가)
대표전화 ㅣ 02)2277-2800
팩   스 ㅣ 02)2277-8945
이 메 일 ㅣ ms8944@chol.com

값 10,000원
ISBN 979-11-92487-31-1

※ 잘못 만들어진 책은 바꿔드립니다.
　 이 책 내용의 일부 또는 전부를 재사용하려면
　 반드시 저작권자의 동의를 얻어야 합니다.

시간의 여울에서

오 현 제2 창작시집

저자가 작사·작곡한 노래를 제자들이 기념하여 세운 노래비(관련 시 60쪽)

도서출판 명성서림

시집을 내면서

시는 언어의 예술이라고 하며,
시는 인생을 노래한다고 말한다.
보람 있게 살지도 못하고 언어의 연금술도 없이,
일상 언어로 평범한 삶을 노래한다는 게
시에게 부끄럽기만 하다.
'나무들 비탈을 말하다'를 발표하고 나서
두 번째 시집으로 '시간의 여울에서'를 내놓았는데,
독자들의 반응에 따라 다시 재판으로 내놓는다.
고달프게 시간에 쫓기며 살아온
나만이 체험한 삶을
아름다운 우리말로 노래하려고 정성을 기울였으나,
부족한 점이 많은 줄 안다.
요사이 독자들이 시가 너무 어려워진다고 말한다.
시를 쓰는 사람으로서 고민할 말로서,
독자들에게 가깝게 다가가려고 노력했으나
부족한 점을 많이 꾸짖어 주기를 바란다.

광주광역시 삼각동에서
오 현

차 례

1부 발길이 머무는 자리

시간의 여울에서 | 12
갈대 | 13
오월, 그 거리 | 14
낙엽 | 15
늦가을 풍경화 | 16
푸른 향연 | 17
설중매 | 18
꽃잎처럼 | 20
소녀의 눈물 | 22
밤은 앓는다 | 24
마지막 사랑 | 26
한옥 | 28
고향 유감 | 30
송광암 | 32
거금도 길 | 34
남도 길 | 36
풀벌레 소리만이 | 38
고산의 얼을 찾아 | 40
향일암에 올라 | 42
토지마을을 찾아 | 44
섬진강 | 46
연꽃의 미소 | 48

차 례

2부

그리움이 머무는 자리

동백꽃(1) | 50
석류 | 52
동백꽃(2) | 54
어머니의 이슬 | 55
모정 | 56
작은 불빛 | 58
까치밥 | 59
노래비 옆에서 | 60
용섬 | 62
그리움 | 64
접시꽃 | 66
달빛 따라 | 68
백양사 가는 길에 | 70
잃어버린 여름밤 | 71
밤의 별곡 | 72
바다의 향연 | 74
유채꽃 | 75
~다면 | 76
해후 | 78
빛바랜 사진 | 80
산수유 옆에서 | 81
즐거운 여행 | 82
기다리고 있습니다 | 84

차 례

3부 사랑이 머무는 자리

기다림 | 88
열애 | 89
나목 | 90
들꽃 | 91
물방울 | 92
으름 | 93
작아서 행복하다 | 94
도시의 0번지 | 95
머루알 | 96
갈림길에서 | 98
고국이라 하여 왔는데 | 100
부활 | 102
나의 동반자 | 103
내일이 있기에 | 104
낮은 마을 | 106
요새 붕어는 | 108
여름 산 | 110
반려견 | 112
반달곰 | 113
탱자나무 | 114
인생 | 115
원 구상 | 116

차 례

4부 마음이 머무는 자리

수수께끼 | 120

작은 뿌리 | 121

배신 | 122

들국화 | 123

해바라기처럼 | 124

한가위는 다가오는데 | 126

나만의 세계 | 127

낯선 얼굴 | 128

생존경쟁 | 130

하얀 밤 | 131

나비 | 132

어촌 | 134

입춘 | 136

고도 | 137

용봉동의 밤 | 138

에스라인 브이라인 | 140

골목길 | 142

소금 | 144

고추나무 | 146

거리의 악사 | 147

옥상옥 | 148

새들은 재촉하는데 | 150

영등제 | 152

매미 | 154

1부

발길이 머무는 자리

시간의 여울에서

바람이 매운
황량한 들녘 끝에서
파아란 하늘빛이 그리워
조촐한 노래를 시작했다
태양마저 인색한 세월
여름 낮달 같은 외로움
쫓고 쫓기는 시간의 여울
꿈은 빛이 바래고 길은 막막하여
고독은 체질화되어 방황하면서
부르고 싶은 노래들
음정은 고저가 없고 사연은 굴곡을 이루어
서투른 가락이지만 나름대로 목청껏 불렀다
어느덧 태양은 기울어
저녁노을을 맞이하는 시간
아직도 끊임없이 부르고 싶은 노래들
더욱 세찬 바람이 몰아친들
작은 목소리에 엇박자이면 어떠랴
힘차게 끊임없이 노래하련다
시간의 여울에서

갈 대

새들도 깃을 접는
웅혼한 무등산 중턱
혹독한 비바람이 몰아쳐도
가는 허리를 곧게 우뚝 서 있는
청순한 갈대.
청량한 가을 햇살에
화려한 춤을 즐길 만도 하건만
푸른 하늘빛이 그리워
목청껏 외치며 몸부림치다
숭고하게 가신 임들을 침묵으로 기리는가
아직도 남은 검은 구름을 거두러
인종으로 기다리는가
오랜 세월 불굴의 정신으로
갖은 풍설과 몰아치는 천둥을 극복하고
침묵으로 굳게 서 있는 네 자랑.
경건히 옷깃을 여미자
봄은 머지않았다고
서석대도 엄숙한 자세로 바라본다

오월, 그 거리

오월,
뭇 생명들이 제 빛으로
초록빛 대지는 생동감으로 넘친다

비바람이 몰아치던 계절
봄은 반드시 화려하게 온다는 믿음으로
용기 있는 선한 양들은
포악한 짐승들 횡포에 맞서
몸부림치다 붉게 물들인
오월의 거리!
그 얼마나 울분으로 통곡했던가

오늘,
맑은 하늘 아래
모든 생명체들이 제 빛을 찾아가며
생명감으로 충만한 오월의 거리!
화려한 꽃으로 환생하는
그날의 얼굴과 함성들
비로소 슬픔의 가치를 깨닫는다

낙 엽

화려한 시절을 보내고
누렇게 퇴색한 채
스산한 바람에 정처 없이 흩날리는
나뭇잎
기나긴 세월
무더위도 혹한도 견뎌 내며
꽃을 피우고 열매를 맺으며
새로운 생명을 탄생하려고
한평생 헌신해 오다
을씨년스런 가을의 끝자락에서
지난 시절을 회고할 겨를도 없이
바람에 나부끼는 낙엽
지상이 두려워 내려앉지 않고 부유하는가
정처 없이 떠돌아야 하는 서러운 운명
가을빛마저 외면한 채
이리저리 방향 없이 떠돌아야 하는
서러운 낙엽

늦가을 풍경화

을씨년스런 바람을 타고
마음마저 부유하는 늦가을 오후
도시 변두리 한적한 길
기우는 햇살을 받고 힘없이 누운
은행잎 하나 주워 들고
고개 숙여 묵묵히 걸어가는
산드러진 여인
햇살 비낀 아파트 베란다에 앉아
물끄러미 여인을 바라보다
흐릿해지는 눈시울을 이기지 못해
조용히 연가를 읊조리는 사나이
시냇가 코스모스가 저녁노을을 받아
외로움을 몸에 감고 고개 숙이는
늦가을 오후
한 폭의 쓸쓸한 늦가을 풍경화

푸른 향연
-순천만 국가 정원에서

귀여운 소녀의 여린 손이
흥겹게 건반을 두드리고
맑은 바람
하이얀 갈대
파아란 물결이
쏟아내는 경쾌한 트리오
용산 봉우리를 울리고
너울대는 아지랑이 안무에
하얀 철새들
종일 갈대밭에서 왈츠를 연출하는
가도 가도 끝이 없는 순천만 푸른 광장
하늘도 땅도 파랗게 너울거리는
푸른 잔치에 시간은 멈추고
세사 번뇌 벗어난
나그네 발길은 즐거운 리듬으로
종일 흥겹게 그네를 타는
한가로운 그림
저녁노을도 아름답게 색칠을 한다

설중매

잔설이
떠나려는 아쉬움에 머뭇거리고
초목들이 웅크리고 잠든
섬진강 기슭
임을 맞이하려는 설레임에
수줍은 미소로 슬며시 가슴을 내놓은
설중매

간당거리며 뿜어내는
은은한 향기에
나비 한 마리 꽃술에 입을 맞추고
나는 중모리 가락을 구름에 띄우며
겨우내 흐트러진 마음을 빗질하자
대지도 가슴을 펴고
모든 생명체를 포용한다

수려한 빛으로
봄소식을 전해 주는 매화 향기
지난날 역사의 아픔을 안고

침묵으로 흐르던 섬진강도
강인한 목소리로 하얀 입김을 토하며
광활한 세계를 향해 힘차게 달음질한다

꽃잎처럼

철쭉의 계절을 맞아
산행하는 아버지와 딸이 말다툼을 한다
빨갛게 피어 있는 철쭉을 보고
"아, 예쁜 철쭉꽃!"
힘주어 말하자 딸은 빙그레 웃으며
"꽃보다 잎이 더 아름다워요."
소리를 높이자 아버지는 깜짝 놀라
"분홍빛 색깔도 곱고 모습도 귀엽고
꽃이 더 예쁘지 않느냐?"고 하자
딸은 아버지더러
"참 바보같애." 하고는
깊이를 모르고 겉만 좋아한다며 일침을 놓자
아버지는 귀를 쫑긋한다
"꽃은 잎과 줄기의 힘으로 피고서도
자신의 힘인 양 빛과 향기를 자랑하고는
잎을 버리고 홀연히 떠나지만
잎은 한평생 꽃을 받쳐 피우고서도
자랑도 발보이지도 않고
자식들을 키우는 부모의 정성으로

꽃의 그늘에서 묵묵히 봉사하며
사명을 완수하지 않아요."
딸이 힘주어 말하자
아버지는 웃으며 딸의 머리를 쓰다듬는다

소녀의 눈물

햇살 따스한 봄날
즐겁게 길을 가던 어린 소녀
자투리 꽃밭으로 눈을 돌린다
철쭉, 애기나리, 얼레지, 애기풀……
하얗고, 노랗고, 연분홍빛……
화초들이 화려한 잔치를 베풀자
소녀의 가슴은 찰랑찰랑 충만하다
이윽고 길옆에 시들어가는 채송화를 보고
얼굴을 찌푸리다 다가가서
다독다독 흙으로 북을 돋우고 물을 주고
즐거운 표정으로 걸어간다
잠시 후 갑자기 들리는 굉음에 깜짝 놀라
소녀는 돌아서서 채송화를 보자
웬일인가 그만 당황하여 주저앉는다
보살폈던 채송화는
거대한 문명의 자동차 바퀴로
채송화는 물론 소녀의 정성과 웃음까지
비정하게 억누르자
소녀는 그만 주저앉아 울음을 터뜨린다

잠시 후 남실바람이 불어오며
길가 애기풀이 밝은 모습으로
소녀에게 손을 내미나
소녀는 움직이지 않고
나비 한 마리 소녀 위를 맴돌고 있다

밤은 앓는다

황사를 무겁게 걸치고
몸살을 앓던 육중한 건물들
해일처럼 밀려드는 어둠에
시신처럼 맥이 빠지고
수은등은 어둠에 기대어 길게 하품을 하며
도시는 만장輓章처럼 무겁게 침몰한다

바람도 지쳐 숨죽이는 시간
하루가 힘겨운 샐러리맨들
어둠에 밀려 골목으로 찾아들어
소주잔을 벗 삼아 연신 푸념하며
사랑을 구가하는 젊은 목소리
샛강물 소릴 타고 부조화음으로
애절하게 흐른다

안간힘으로 하루를 마감하는
힘없는 노동자들
골목을 찾아 작은 소주잔으로
하루의 시름을 삭여보지만

차가운 바람에 얼굴은 펴지질 않고
밤은 소리 없이 냉담하게 흐른다

밤이 깊어갈수록
도시의 밤은
지루하게 헝클어진 얼굴로 앓고
별빛마저 차갑게 시들어간다

마지막 사랑
−부인의 죽음을 앞둔 남편을 보고

생명,
신으로부터 부여받은 고귀한 선물
사랑,
인간이 지녀야 하는 삶의 조건
마지막 사라져 가는 생명을 붙잡고
조금이라도 더 사랑하고파
안간힘으로 몸부림치는 M병동 501호실

처절한 투병으로 10년이란 세월
뇌출혈, 다섯 번이나 사경을 헤매는 대수술
정성을 다한 남편 정성을 가슴에 받아들이는가
청춘을 앗아간 세월의 아쉬움인가
지나온 삶의 애증인가
눈을 뜨고도 침묵만으로
애절하게 젖어 있는 가는 눈동자

기적일진대 기적을 바라며
마지막 체온을 전하려고
아내의 얼굴에 손을 얹고

눈시울을 적시는 남편
사랑이라 하기엔 죄인처럼 입이 탄다
"여보, 당신이 좋아하던 영산홍이 피는데……"
아내의 얼굴에 눈물을 떨어뜨려
아내의 눈시울엔 겹꽃이 핀다

'이렇게라도 사랑하는 시간이 계속됐으면……'
남편은 더 이상 말을 못하고
흐려진 눈동자를 창밖으로 돌리자
아내는 억지로 크게 뜬 작은 눈빛으로
"죽어 제…… 눈은 당신…… 떼지 못할……"
힘없이 더듬거리는 목소리
바람을 타고 하얀 공간을 가득 꽉 채운다

한 옥

날렵한 날개로
곱게 땋아 내린 얇은 이마
포옹할 듯 넓은 가슴
하늘이 그리워 얇은 입술을 내민다

빗장을 풀어
개나리 뜨락을 지나 섬돌을 밟으면
아담하고 한가한 정취에 몸은 사르르 떨고
마음은 옛날로 설레인다

노파리로 가볍게 띠살문에 서면
아이들 고전 소리 예스럽고
지게문 몸살 이는 홍두깨 소리
마음은 가볍게 흥에 겨운다

조심스레 널따란 마루에 서면
단발머리 고운 소녀
수틀에 아름다운 꿈을 무늬 놓는 모습
은은한 장지문에 설핏 그림자진다

마룻장에 발길을 사뿐히 옮기면
여린 햇살이 빗살문에 엃고
널따란 뒤란에 초립모 사방치기 재롱이 피고
추녀는 흥에 겨워 구름을 싣는다

실안개 모락모락 담 안을 맴돌아
장지문 빗살을 너울너울 적시면
탱자나무 가지엔 노랑나비
마당을 감돌며 종일 흥에 겨워 춤을 춘다

고향 유감

설레임으로
'540킬로' 이정표를 낙엽처럼 날리고
늘어선 가로수를 쓰러뜨리자
진달래 향기에 젖은
푸르고 다정한 남해안 섬마을 앞내

오랜 세월
마을을 수호해 온 이팝나무는
예나 다름없이 하얀 향기를 쏟으며
반가이 맞아 주는데
꿈을 키우던 갯가 웅장한 바위는
조개껍질과 함께 으깨지고
고달픈 어민들을 달래 주던
갯가의 질펀한 해당화는
삐비를 뽑으며 찔레꽃 개울가를 달리던
단발머리 소녀들과 어디로 갔는가
,
눈밭에서 토끼를 쫓던 정겨운 얼굴들
청개구리와 함께 모두 떠나고

은빛 꿈을 키우던 초등학교는
웅장한 공장으로 변해
소란하게 들리는 기계 소리에
마주친 얼굴들은 낯설기만 하다

상처 난 정자나무 아래에 앉아
떠나버린 열차표를 주무르는 허전함으로
돌아오는 길엔 '100km 속도 제한' 표지판이
비에 젖어 움직이지 않는다

송광암 松廣庵

이끼 낀 푸르른 산길
잔다란 나무숲을 헤치고
타박타박 걸어 오르면
기나긴 세월을 몸에 감고
푸른 수목들이 울창한 용두봉산 품에
고즈넉이 앉아 있는
아담한 송광암

푸르름을 쏟아내는 떡갈나무 숲
초가을 햇살마저 파랗게 너울대고
흐르는 낮달도 발길을 멈추고
파아란 바람을 타고 흐르는
은은한 풍경 소리에 몸을 적시고
법당을 기웃거리자
스님은 부처님 앞에 무념무상에 젖어 있다

사바의 고통을 쫓는 스님의 독경 소리
고해를 벗어나려는 중생들 염원을 안고
서녘 하늘로 피어오르고

부처님의 화안한 웃음이
찔레꽃 붉은 향기로 온누리에 퍼진다

*송광암松廣庵 : 전남 고흥군 거금도에 있는 암자.

거금도 길

길섶의 잔다란 풀들
해맑은 모습으로 파도를 부르고
여름 햇살을 받아
옥수수 이파리 무늬진 흙담집 툇마루
모처럼 너부죽이 자리를 튼다

섬으로 오르려는 파도 소릴 들으며
투박한 사발을 끌어당겨
아줌마의 간질거린 웃음을 안주삼아
동동주 한 모금 들이키자
시진한 마음은 푸들푸들 파도처럼
발랄하게 솟아오른다

정력에 좋다며 굴회와
끓어오른 강성돔 매운탕을 내놓고
넉넉한 웃음을 툭시발에 가득 채워
잔을 따르는 아줌마의 서분서분한 태도
적대봉 크낙새가 다정하게 지저귄다

적대봉에 달이 오르면
선녀와 나무꾼 전설이 살아난다고
갯바람에 말린 문어발을 뜯으며
"쬐끔만 더 묵다가 가면 좋겠구마."
애잔한 목소리에 발길은 움직이지 않는다

문어발을 씹다
연안을 울리는 뱃고동 소리에
정이 베인 툇마루를 남겨 두고
아쉬움으로 떠나야 하는 상큼한 거금도 길
오늘을 살아가는 삶의 활력소이다

*거금도 : 전남 고흥 반도 연안에 있는 섬

남도 길

강은
지난날의 상처를 씻고
도도히 쉬지 않고 흐르고
산은
지난날 애환을 극복하고
푸른 모습으로 우뚝 솟고
길섶 풀들은
남도민의 의지로
발랄한 생명력이 약동한다

곰나루 목소리
잔다란 초목들에 생기를 넣고
5·18 순백의 곧은 정신
굽이굽이 강산의 푸른 맥을 이루어
왜곡된 삶을 바로잡으며
경건한 역사의 혈맥으로 오늘을 산다

역겨운 세월
시잡잖다고 짓밟던 풀들

힘 있게 고개 들어 푸른빛을 자랑하고
귀찮다고 차버린 작은 돌멩이들
옹골찬 생명으로 강산의 혈맥을 이루어
남도민의 자랑으로 빛을 발한다

맛깔난 남도 음식으로 포식하고
"함평천지 늙은 몸이 광주 고향 보랴 허고"
애절한 가락을 목청껏 날리며
종일 발걸음이 흥그러워지는
남도 길
내일의 강한 역사를 가꾸려
오늘도 호흡을 멈추지 않는다

풀벌레 소리만이
-나환자 수용소인 소록도를 다녀와서

소나무 가지를 흔드는
애절한 파도소리
눈물로 점철된 역사를 털어내려는
애절한 몸부림인가

어디서 나서 어디로 가는지
부모형제 친구들도
청춘도 사랑도 잃어버리고
몇 개 남은 손가락으로 뜨는
철조망 얽힌 애절한 삶의 공간
얼마나 묵묵히 물고 뜯었을까

하늘을 향해 달래는
벗어날 수 없는 슬픈 운명
어차피 안주할 보금자리라고
혹독한 노동도 운명으로 받아드리며
노여워하고 저주한 세월이 그 얼마인가

덕지덕지 한이 서린

남해안 외딴 사슴의 섬엔
관광객들 발길이 무겁고
버리지 못한 한이 나뭇가지에 걸려
지나간 세월을 저주하며 떨고 있는
소나무 풀숲
풀벌레 소리만이 허허로운 공간을 메운다

고산孤山의 얼을 찾아
-보길도를 다녀와서

세상살이 각박하고 번거로울 때
짜증스러운 일들
하루쯤 뒤로 미루고
발길은 고산의 얼을 찾아 흥그럽다

육중한 바위는
오랜 풍림에도 퇴색하지 않는
고산의 의로운 넋인가
붉은 정열을 토해내는 동백꽃은
영욕을 초연한 고산의 올곧은 정신인가

세속을 털어내던
세연지 구성진 가락은
아직도 청직한 목소리로 쟁쟁하고
학문과 싸우던 동천석실 곧은 음성은
강강한 바람을 타고 오늘에 살아
속세에 찌든 마음을 맑게 씻어 낸다

이르지 못한 아쉬움으로

돌아서는 발길은 자꾸 머뭇거리고
어부사시사를 흥얼거리자
저녁노을도 가던 길을 멈추고
연분홍 동백꽃으로 피어난다

향일암에 올라

속세의 고뇌를 씻는가
비는 보슬보슬 내리고
한가히 시간을 낚는 강태공들이 머무는
청아한 파도소리 뒤로 하고
가랑비를 맞으며 금오산을 오른다

세월을 잊고 조용히 잠든
질펀한 야생화들 잠을 깨우고
이백구십일 가파른 계단을 오르자
세속으로 까맣게 물든 마음
넉넉한 관세음보살 미소가 반겨 준다

원효는
이런 험준한 곳에서만이 좌선을 해야 하고
의분에 겨운 승군들은
이토록 험준하고 고독해야만
민족정기를 키울 수 있었던가

거북이 바위틈을 겨우 지나

산마루에 오르자
붉게 타오르는 저녁노을을 받으며
경건하게 돌탑 위에 돌을 올리던 여인은
서녘하늘을 향해 눈시울을 적신다

*향일암向日庵 : 여수시 돌산에 소재한 암자

토지마을을 찾아

섬진강 정기를 끌어당겨
지리산 자락에 외로이
너부죽이 앉아 있는
하동 평사리 최 참판 댁

아스라이 잊혀져 가는
지나간 치욕의 역사를 되새기며
민족정신을 일깨우는 훈훈한 바람
처마를 떠받친 기둥마저 바르르
지나간 날을 되새기고 있다

왜 서희는 을사조약 제물로서
길상은 무슨 비운으로
구천이는 왜 한을 되씹어야 하고
준구는 무슨 인연에 별당 아씨를 찾아 헤매었을까
그토록 상승하고픈 귀녀의 몸부림은
무참히 짓밟힌 응어리진 치욕으로
바람으로 날리고 있다

한 시대를 풍미하던
대망을 향한 투혼의 자취는 오늘에 살아
묵묵히 지난날을 일깨우는 바람을 타고
처마를 마구 흔들어댄다.

섬진강

칠십 리 화사한 벚꽃도 잊고
묵묵히 줄기차게 흐르는
섬진강
역사가 힘에 겨워
너에게 무거운 책임을 맡겼는가

지리산 계곡을 끌어당겨
깊고 널따란 가슴으로
이름 없는 치어들과 작은 초목들
연약한 생명체를 튼실히 키우고
작은 풀들의 치욕스러운
한을 달래고 상처를 어루만지며
도도히 쉬지 않고 흐르는 강강한 모습

곰나루 아우성을 몸에 지니고
치욕스러운 외세의 말굽소리
민족상잔의 비극도
강인한 핏줄로 극복하고
민주화를 위한 피맺힌 절규엔

강한 힘을 실어 주었던 웅혼한 기상

이제
어두운 시절을 극복하고
뭇 생명체들의 영원한 생명수로서
더 광활한 세상으로 강인하게 이끄는
너는
이 땅 백성들의 영원한 혈맥이리라

연꽃의 미소
-전남 보성 대원사에서

가느다란 돌길
벚나무 숲 오솔길을 따르면
푸르다 지친 천봉산 자락
고즈넉한 천 년 고찰 대원사 연당蓮塘

한 잎 한 잎
중생을 계도하는 몸짓으로
해말간 얼굴을 살포시 들어
이슬 같은 맑은 미소로
사바의 고통으로 지친 마음들
푸들푸들 청정심으로 되살아난다

세상 빛을 보지 못한 영혼을 달래는
붉은 동자상불童子像佛 앞에
얼굴을 펴지 못한 죄 없는 중생들
대속의 참회로 경건히 침묵으로 고개 숙이자
독경 소리 경건히 연꽃 향기를 타고
서녘하늘로 피어오른다

2부

그리움이 머무는 자리

동백꽃(1)
-어머니 영전에 동백나무를 심으며

어머니,
혹한을 극복하고 강인하게 살으신
어머니 마음을 이제야 깨닫고
늦게나마 영전에
어머니 목소리 베인 동백나무를 바칩니다
제가 어릴 때였죠
제 손을 잡고 외가를 찾을 때
마을에 들어서자 붉게 타오르는 동백꽃을 보시곤
"참 곱구나. 동백꽃처럼 살아야 하는데……."
말끝을 흐리셨을 때 벌써
어머니 눈시울은 젖어 있었습니다
한참 침묵하시다
"우리 집에도 동백꽃이 있었으면……"
하시는 말을 듣고도
그때 어머니 목소린 무엇에 눌려 잠겼었는데
어리석게도 어머니 마음을 왜 몰랐을까요
그때까지도 어머니는 아버지를 기다리셨을까요
기다린 시간은 무정하게
괴뢰군의 총부리에 산골짜기에 버려진

시신을 찾았을 때 터질 듯한 가슴
분노를 극복한 눈물이 동백꽃으로 물들였는가요
그때 집 안 뜰에는
수십 그루의 모란이 자랐는데
왜 동백꽃을 바랐는지 어둑스럽게 지내다가
이제야 철이 들었나 봅니다
철늦은 자식을 실컷 꾸짖으시고
동백 향기에 젖어 편히 잠드시기 기원합니다

석류
-누님에게 드립니다

봄의 화사함도
여름의 무더위도
남다른 의지로 극복하고
주렁주렁 맺은 원숙한 열매
석류는 누나의 화신입니다

천붕지통天崩之痛의 비극으로
아버지!
이름조차 불러보지 못한
한 맺힌 가슴
숱한 시련으로 방황하면서도
흔들리지 않게 살아온 힘은
등홍색 석류의 향기였습니다

전후의 삭막한 상황에서
가정과 아우를 위해 자신의 꿈도 접고
아우들에게 책가방을 어깨에 매 주며
강하게 살자고는 돌아서서 눈물을 닦는
희생과 사랑

뜰 앞의 석류나무도 우러러 보았죠

고통도 슬픔도 신앙으로 극복하고
자식들은 하나님 사역으로 키우고
동생들은 그래도 건강하게 살아간다고
애써 만족해 하지만
버텨온 긴 세월의 굽이만큼
얼룩진 몸에 어찌 회한인들 없겠어요

과묵하게 세월의 고난을 극복하고
원숙하게 알찬 열매를 맺는
석류는
우리들의 영원한 등불입니다

동백꽃(2)

꽃잎을 스치는 향긋한 바람소리
귀 기울여 듣습니다
동백꽃 향기는 어머니 마음처럼 깊고
동백 잎은 어머니 의지처럼 강인하고 부드럽습니다
한평생 자식들만을 위해 헌신하시고
남들은 남편에게 받지 못한 사랑을
자식들에게서 받는다는데
자식의 효도도 받지 못하고
얼마나 마음이 아프셨을까
보내고 나서야 후회하는
저희들 가슴에 꺼지지 않은 어머니 사랑은
붉은 동백꽃으로 지금도 살아 있습니다
혹한을 이기고 부드럽게 피어나
고통에서 헤매는 마음을 위로해 주는
동백꽃
다사로운 어머니의 사랑임을 믿고 있습니다

어머니의 이슬

그래도 편안하게 살겠다고
십여 년을 저축하여
조그만 집을 계약하고
잔금을 치를 날짜가 다가왔다
동분서주해도 잔금을 마련할 길이 막막해
"어머니, 이사하지 않고 그대로 있어야겠습니다."
말이 떨어지기도 전에
어머니의 손에서
수저 떨어지는 소리 역하게 들리고
내 초라한 모습을 보지 못해
먼 산을 향한 어머니 눈시울엔
애써 감추려다 감추지 못한 이슬이
눈에 방울져 있었다
그때 맺힌 그 이슬
가슴 한 구석에 삶의 불씨로 타오르며
한평생 내 핏줄에 강하게 흐르고 있다

모 정

남새밭을 손질하는 늙은 어멈
아들이 온다는 소식에
땀에 젖은 옷에 마른 눈을 크게 뜨고
허겁지겁 호미도 놓을 새 없이
"워매, 내 새끼야. 그래 몸은 성했냐?"
그리움에 지쳐
마른기침에 목소리마저 쉬 나오지 않는다

아들의 손목을 꼭 잡고
"많이 말라부렀구나. 쯧쯧"
부엌으로 허둥지둥 달려가
투박한 손으로 나물도 넉넉하게
"얘야. 뱃속이 든든해야 하느니라."
따스한 목소리에 목이 멘 아들은
수저를 들다 그만 눈시울을 적신다

돈벌이한답시고
부평초처럼 떠도는 긴 세월
모진 바람에 꿈은 산산조각 나고

청춘도 사랑도 찬바람에 어설프게
아들은 묵묵히 말이 없다

젖은 볼이 안쓰러워
어멈은 창밖으로 눈을 피하다
힘없이 고개 숙인 아들 손을 꼭 잡고
"쪼깐씩 묵어도 좋은께 여그서 같이 살자."
어머니 간곡한 목소리는
메마른 마루를 꽉 채우고 있다

작은 불빛

버드나무 그늘을 덮고
구겨진 함석지붕에 바람받이 흙벽
사랑과 꿈의 요람이었던
작은 시골 예배당
차가운 바닥도 따뜻하게 너부죽이 앉아
때 묻은 성경과 찬송가를 앞에 두고
낡은 풍금 소리에 맞춰
불협화음으로 목청껏 부르는 찬송
어린 시절 푸른 꿈을 피우는
작은 불빛.
보릿고개 흉년도 전쟁의 비극도
두 손 모아 기도할 때
작은 불빛의 십자가는 넉넉하게
한 서린 어린 가슴을 달래 주었다
공부한답시고 객지를 떠돌다
터벅터벅 컴컴한 마을에 들어설 때도
어머니 품같이 따뜻이 껴안아 주던
십자가 작은 불빛.
그때 그 시절이 자꾸 그리워지는 건 웬 일일까

까치밥

떠나간 이웃이 그리워
이웃집 뒤란을 슬며시 넘보는
감나무 우듬지 끝
가을 햇살을 받고 토실한 몸으로
고추잠자리들이 춤을 즐기는
푸른 하늘을 빨갛게 물들이는
까치밥.
할머니 정성을 먹고 자라나
늦가을 풍만한 농부의 꿈을 안고
먼 조상으로부터 이어 받은 미덕으로
뭇 생명들의 젖줄이 되고
나그네의 길벗이 되는 자랑스러움
지난날의 고통을 극복하고
계절의 끝자락을 붙들고 조용히 앉아
몸을 숙성하는 옹골찬
까치밥.
파렴치한 손돌이바람에 너들 보내면 어쩌나
마음을 졸이는
늦가을의 소박한 농촌의 인정

노래비 옆에서
-제자들이 세운 노래비 옆에서

낮이 부족하여
밤을 하얗게 지새우며
사랑과 열정으로 살아오던
남해안 아름다운 앞내 마을
오순도순 정으로 엮어진 터전
내 태가 묻힌 순박한 사람들 삶의 터전

농사를 모르면서 농사를
생활을 모르면서 생활을 지도하고
훈민정음訓民正音이니 단군檀君이니 ＡＢＣ니
어설프게 목소릴 높이다
싱그러운 싹들이 피어나기도 전에
삶이란 과제 앞에 홀연 고향을 떠나야 했다

다시 오지 않는
아스라이 흘러간 시간을 붙들고
아쉬움과 미련에 쌓인
마을 입구 정자나무 아래
그때 그 싹들이

그때 그 마음을
그때 그 배움을 잊을 수 없다고
육중한 화강암 기념비를 우뚝 세웠다

마음을 하나로
꿈을 키우며 노래하던 마음
길이 잊지 말자는 굳은 마음
백합 같은 제자들 예쁜 정성에
사랑과 아쉬움이 끊임없이 흐른다

용 섬

개벽하는 날부터
묵묵히 마을의 품에 안겨
고락을 함께 하며
마을을 수호해 온 웅혼한 기상

구름도 흐르다 기웃거리고
새들도 날아와 보금자릴 틀며
낯선 초목들도 찾아와 서식지를 일구어
갖은 생명들을 보듬고 키우는
작은 체구건만 강인한 생명의 요람

이제
산업화 바람으로
애지중지하던 희귀한 초목들
꿈을 키워 주던 무늬진 들들
모두 멀리 떠나보내고
외롭게 묵묵히 마을을 지키는
정이 밴 용섬

문명의 갈퀴에 찢긴
오늘
상처투성이 몸에 해조 찌꺼기를 감고
선박들이 뿜어내는 역겨움을
미워하지도 원망하지도 않고
묵묵히 포용하면서

영원히 마을의 번영을 다짐하는
너는 천 년의 수호신이다

*고흥 거금도 명천(앞내) 마을 해안에 있는 작은 섬

그리움

만나는 게 어렵다면
손편지로 소식이라도 전해 다오
가슴에 박힌 지나간 그리움을 지우지 못해
소식이라도 간절히 기다리고 있다오
이왕이면 좁다란 방보다 밖으로 나가
높고 푸른 하늘을 보며
그대 마음 같은 하얀 백지에 까만 글씨로
비틀거린 글씨라도 굵고 힘 있게 써 다오
시간이 허락되면 좀 길게 써 다오
쉼표는 가끔 사용해도 좋으나
제발 마침표는 찍지 마오
헤어지고 나니 더욱 그립다느니
사랑했던 감정은 영원히 잊지 못한다느니
상투적인 말들은 쓰지 않아도 되오
쓰다가 서투르다고 고치지 마오
아름답게 미화하는 것보다
좀 서툴러도 처음 생각 그대로가 좋소
세월이 빠르게 흘러 지나간 일들을
벌써 깜박 잊었다 해도 좋소

바빠서 편지 쓸 시간이 없었다는 말은 마오
보낼 때는 이메일로 보내지 마오
당신의 마음을 기계로 조작하는 건 정말 싫소
이왕이면 문방구에서 봉투를 구입해
검정 볼펜으로 주소도 이름도 뚜렷이 써서
우표 한 장 붙여 붉은 우체통에 넣어다오
답장은 기대하지 마오
훗날 햇볕이 따스하게 내려쬐고
시원한 바람소리 들리거든
내가 성의껏 보낸 답장으로 알아다오
굽이굽이 강을 따라 흐르던 사랑
한 굽이를 넘지 못해 노랗게 시들었던 마음
애벌레처럼 아직도 길들여져야 하는
사랑의 노정
그대 떠난 뒤 메마른 잎처럼 허전하지만
생이 다할 때까지 당신 사랑으로 살아가렵니다
내 젊은 날을 채웠던 분홍빛 날들이었기에

접시꽃

탱자나무 둘러싸인
마을 입구에 자리한 맑은 작은 우물가
곧은 허리를 펴고 우뚝 서 있는 외로운
접시꽃.
지나간 세월의 그리움을 잊지 못하는가

가난했던 시절
가벼운 장독대를 가득 채우고
여인들 두레박질에 힘을 주고
논시밭을 메고 한숨 쉬는 할머니의
편안한 친구로서
역겨운 삶도 해맑은 미소로 넉넉스러웠다

어느덧
오순도순 다정하게 지내던
살가운
이웃들을 모두 떠나보내고
네 살던 고향마저 잃고

벌과 나비만을 벗 삼아
오지 않은 지난날을 아쉬워하며
우물가에 외로이 서 있는 접시꽃.

너는
애절하고 다정했던 삶을 일깨우는
우리들 마음의 울림이란다

달빛 따라

한낮 소음으로
별들은 수척한 얼굴로 졸고
매연에 지친 가로수는
철 지난 허수아비처럼 숨죽이는 시간
달빛을 덮고 길게 누운
담양으로 가는 교외 뜨막한 길
자꾸만 발길을 끌어당긴다

이 길을 벗하여
어느 사람은 애달픈 사랑을
어느 사람은 이별의 한을
어느 사람은 비린내 나는 역한 삶을
침묵으로 달래었으리라

나도
소태같이 씁쓸한 짐을 털어버리려
조용히 파근한 발길을 옮기자
너부죽이 몸을 감싸는 포근한 달빛에
가볍게 넓어지는 마음

고체처럼 굳어진 근육
활기를 띠고 발랄해진다

바람도 산자락에서 잠드는 시간
대지는 침묵으로 길게 흐르고
유유한 달빛은 발길을 계속 끌어당긴다

백양사 가는 길에

푹신한 초록의 품이 그리워
시진한 몸은 백양사로 발길을 재촉한다
인적이 뜸한 좁다란 길 옆
외로이 서 있는 한 그루 배나무
가을볕에 노랗게 주렁주렁
어릴 때 시골집 뒤란
사랑의 열매 그대로이다
남편을 잃은 슬픔보다
애비 잃은 자식들이 안쓰러워
뒤란으로 달려가 하나 셋 다섯……
넉넉한 웃음으로 배를 따 주며
안타까운 모습으로 곁을 떠나지 않고
눈을 끔뻑거리며 자식을 지켜보는
어머니의 사랑 방식
그때 그 추억의 설레임으로
슬며시 사랑의 열매를 훔치려다
다른 가슴에 더 짙게 서려 있을
추억에 상처를 줄세라
가만히 만져만 보곤 돌아섰다

잃어버린 여름밤

뒷산 접동새 자지러지게 우는 밤
한낮을 볶는 무더위
소낙비와 힘을 겨루다 물러가고
장마 걱정으로 주름진 과수원 아저씨
마늘밭을 가꾸던 옆집 아줌마
가을엔 결혼한다고 땀으로 뜨개질하던 선아 누나
한자리에 오순도순 모닥불 연기에 몸을 적시며
널따란 와상이 너무 좁았다
은빛으로 쏟아지는 별빛을 감고
옥수수를 벗기며 떡방아 찧는 토끼 얘기
밤이 깊도록 목청을 돋우면
더위는 기웃거리지도 못하고
달은 서산마루에 앉아 미소를 짓는 여름밤
기나긴 세월에도 빛을 바래지 않고
그리움에 물씬 젖은 밤하늘이건만
밤을 찢는 역한 자동차 소리
하늘을 덮는 매캐한 냄새
별들마저 희미하게
어린 시절의 추억을 그립게 한다

밤의 별곡

그대여
밤은 점점 고요히 깊어 가는군요
도시의 밤하늘이 모처럼 무척 맑네요
그대의 모습이 다정하게 떠오릅니다
나이를 먹으면 그리움도 시들해진다는데
묵은 세월에도 잊지 못하는 건
그대의 모습도 아름다웠지만
그대를 지탱하는 남다른 지혜는
지금도 마음에 강하게 똬리를 틀고 있답니다
내가 험한 강을 건널 때
순박하고 지혜로운 마음으로
세파를 헤쳐 나가는 데 용기를 주었는데
석류알처럼 사랑이 싱그럽게 익어갈 무렵
그대는 갑자기 곁을 떠났죠
지금은 하늘나라에서 편히 쉬리라 믿지만
그대를 그리워하는 마음은
찬바람에 떠는 나목처럼 말라가고 있답니다
내가 생각나면 달을 보라는 말이 살아 있어

이 밤도 달을 기다리고 있습니다
때로는 그리움에 지쳐 그만 보고 싶지만
이젠 마음에 병처럼 젖어드는가 봅니다
몇 년째인지 이렇게 공원의 조그만 의자에 앉아
동산에 떠오를 달을 초조하게 기다린답니다
항상 미소로써 지혜로운 마음을 그려내던 모습
아, 지금 달이 떠오르네요
아름다운 옛 모습 그대로네요
시원한 바람이 달빛을 내 앞에까지 끌어내려
달빛은 온통 내 몸을 감싸네요
달빛은 그대의 체온처럼 부드럽고 따스하네요
달은 지난 날 여러 사연을 얘기하지만
왠지 알아듣기 쉽지 않네요
달빛에 젖은 내 모습을 그대는 상상이나 할는지
사랑이 떠나면 가슴이 아리다는 말을
이제야 깨닫는 걸 보면 늦게 철이 드는가 봅니다
이렇게나마 계속 달빛에 젖고 싶으나
달은 벌써 무정하게 서서히 멀어져 가는군요
언젠가 내 영혼이 그대의 문을 두드리는 날
반가운 얼굴로 반겨 주리라 믿으며
그 날을 기다리며 살아가렵니다

바다의 향연

아름다워서
즐거워서
넉넉하게 살고 싶어서
광활하고 푸른 바다를 찾아
즐거이 몸을 던진다
바다의 비밀을 샅샅이 들여다보며
파도와 함께 춤을 즐기고
세사 모든 고통을 털어내며
풍요로움을 만끽하는 해녀들의 물질
두 팔을 한 번 펼 때마다
각종 해산물로 가득 채워 주는
바다의 넉넉한 사랑
드넓은 새파란 화판에 피우는 바다의 꽃
더욱 강하게 더욱 풍요롭게 끊임없이
보다 더 넓은 세계를 향해
그치지 않은 해녀들의 의지
바다는 넓은 가슴으로 잔치를 베푼다

유채꽃

타향에서 지낼 때였다
유채꽃 아름다움에 매료되어
먼 길에서 씨를 겨우 얻어
주인집 작은 텃밭에 뿌리고
주인과 함께 열심히 물을 뿌리며
싹이 트기를 기다렸으나 실망하여
주인더러 텃밭을 갈아엎으라 하고서도
그래도, 하는 마음으로
다음 해 방학을 맞아
다시 그 자리를 찾았을 때
주인은 갑자기 세상을 떠나고
자신의 편안 자리는 채소들에게 양보하고
각박한 텃밭 가장자리에서
튼튼한 정맥을 자랑하며 모도록하게
푸른 하늘에 노랗게 물들이는 유채꽃
컴컴한 지층에서 해충의 사나움을 이기고
시공을 초월하여 푸른 하늘에
한 잎 한 잎 주인의 얼굴을 새기며
강인한 생명력을 뽐내고 있었다

~다면

달이 두려워 밤을 새워 울던
무논의 청개구리가 사라진다면
마을 한복판에서 풍년을 약속하며
음매— 우는 누런 송아지가 사라진다면
어릴 적 섬뜩한 동화들을 엮어 주던
뒷산 제당이 사라진다면
책보자기 매고 즐겁게 꿈으로 달리던
가느다란 논길이 사라진다면
먹을 감으며 물장구치고 더위를 쫓던
시내가 묻혀 버린다면
콩 서리하느라 얼굴을 까맣게 분칠하던
밭 언덕이 사라진다면
곡예사 줄타기에 넋을 잃고 밤을 즐기던
오일장터가 사라진다면
접시꽃이 웃는 시냇가에서 들려오던
흥겨운 방망이 소리가 사라진다면
누가 센가 내기를 하자며 길게 소변을 갈기던
골목길이 사라진다면
젊은 날 사랑을 속삭이던

마을 앞 갈대밭이 사라진다면
다정하게 마음을 주고받던 이웃이 사라진다면
모두 슬픈 일이지만
거기에 새겨진 추억마저 사라진다면
그건 심각한 절망이다

해 후

그 날
태양도 구름 속으로
얼굴을 감추고
수많은 얼굴들 가운데
배웅하는 어룽진 얼굴은
막 피어난 해당화로 그려졌다

그리움으로 흐르는 세월
재회하는 날
번잡한 광화문 거리에서
눈 내리는 남산 자락을 덤벙대며
아쉽게 흐르는 시간을 투정하며
정을 사랑으로 엮었다

세월의 장난으로 다시 헤어져
흐르는 세월 20여 년
번잡한 삶을 핑계로 아득히 잊혀진 마음
기나긴 세월에도
풀잎 같은 청순한 목소리는 그대로

"그리웠어요."
오랜 망각으로 보낸
지난날들을 애절스럽게 그렸다

인생은
그리움만으로 채울 수 없는
환상도 낭만도 아니라는 옹골찬 마음
다시 돌이킬 수 없는 나날들
분홍빛으로 포물선을 그리며 명멸한다

빛바랜 사진

무더위에 시간을 빼앗기고
짜증으로 몸과 마음이 침몰하는 한낮
우연히 발견한 서랍장에 묻혀 있는
빛바랜 흑백 사진 한 장
가슴은 그 때 추억으로 쿵쿵 뛴다
한적한 산골짜기
까까머리 단발머리
키 큰 아이 작은 아이 마른 아이 뚱뚱한 아이
맑은 햇살에 서로 앞자리를 시샘하며
찰칵, 카메라에 와!— 함성은 골짜기를 채우고
파란 꿈은 하늘로 피어올랐다
욕심도 질투도 걱정도 사랑의 초조함도 모르고
삶의 어두운 그늘도 없이
금방이라도 불쑥 내밀 듯한 청순한 초록빛 얼굴들
돌이킬 수 없는 시간
삶에 생기를 주는
그때 그 시절의 풋풋한 추억
시든 마음에 깃을 치고 피어오른다

산수유 옆에서

겨우내 앓는
거센 바람소리
삶의 무게에서 벗어나려는
작은 사람들의 몸부림인가
소박한 미소를 띤 여린 체구로
매서운 계절의 강을 건너
모든 수목들이 추위에 두려워 떨 때
탐스럽게 한 잎 한 잎 망울을 터뜨리는
산수유꽃.
나는 따스한 바람을 타지 않고
찬바람을 극복한 산수유꽃같이 살겠다고
모진 세파와 눈물겹게 투쟁하다
세상을 떠난 다정한 친구의
소망이 투영된 산수유꽃.
푸른 하늘을 노랗게 물들인다

즐거운 여행

　―아빠, 우리도 여행해요
　―그래, 어디로 갈까?
　―외국으로 가요
　―나는 공원이 더 좋던데
아이는 갑자기 뿌루퉁해진다
　―웅이도 철이도 외국으로 간다는데, 아빠는 바보야
　―여행은 마음이 가벼워야 하고 즐거워야 한다
　―좋아요 그럼, 아빠 빨리 떠나요.
　―그래, 우리도 떠나볼까
쫓기는 인생살이 시간이 인색하고
텅 빈 호주머니엔 바람소리뿐인데
마음은 무겁게 가라앉는다
어릴 때 여행은 경주나 제주도면 즐거웠고, 외가를 찾는 기쁨만으로 충만했는데 요사이 괌이니 동남아니 어질더분한 소리에 마음은 왜소해져 억지로 목소리를 세운다.
　―무등 태워줄까?
　―그럼, 빨리요
　―자, 하늘을 보아라 별이 보이지?

―야, 신난다
―눈을 위로 뜨면 하늘이 아름답고, 아래로 뜨면 풀잎이 상긋하고, 마음을 넓히면 온 세상 모두가 낙원이란다
―야, 신난다 아빠, 하늘이 높고 별들이 아름다워요
아이는 무동을 타고 공원을 돈다
―그래, 지구는 네 눈보다 작단다
아이는 아빠의 등에서 내려오지 않는다

기다리고 있습니다

당신이 온다는 약속만을 믿고
기다리고 있습니다
봄은 와서 꽃은 피고 만물은 생동하는데
당신은 왜 그리 더디 오시는가요
당신을 기다리느라
차가운 밤을 지새우고
땀과 피를 흘리는 고통도 인내하고 있습니다
당신이 오는 길은 흙탕길에 굴곡이 심하고
바람마저 세차고 눈보라 몰아치는 길이므로
더디 오리라 짐작은 하지만
갈수록 먹구름 낀 하늘 아래 쫓기고 억눌려
숨쉬기조차 어려울 때마다
조급하게 당신을 기다리고 있습니다
기다리다 지쳐가기도 하지만
후회도 원망도 하지 않습니다
높은 곳의 바람 소리는 더욱 광기를 높이고
낮은 곳의 풀잎들은 순박하게 그늘에 묻혀
초조하게 당신을 기다리고 있습니다
당신이 오는 날

지난날 저주스러운 삶을 청산하고
모두 웃으며 즐겁게 살아가리라는 기대로
오늘도 믿고 기다리고 있습니다
평등한 날이 반드시 오리라 믿고 있습니다

3부

사랑이 머무는 자리

기다림

먹구름에 짓눌려
몹사리 위축되던 날
당신은 봄바람이 불면 오시겠다고
굳은 목소리로 약속하셨죠
우리는 그 약속을 믿고
비바람과 혹한을 견디며 기다렸지만
봄바람은 불지 않아
인공 바람이라도 만들고 싶은 심정입니다
당신이 오면
새들도 날갯죽지를 펴고
수목들도 자유롭게 호흡하고
모든 생명체들이 약동한다는 걸 믿고
고개를 빼고 기다리고 있습니다
어서 속히 찾아 와서
이 땅에 희망을 주고
임을 기다리다 숭고하게
가신임 무덤을 외롭지 않게 하소서

열 애

지진처럼 일어나
가슴을 찢어 상처를 남기고
조용히 사라지는 것.

소나기처럼 갑자기
가슴을 마구 때리다
홀연히 방향도 없이 사라지는 것.

시간을 굴곡하다
운율도 없는 시만 남기고
저절로 사라지는 것.

즐겁게 왔다가
마음을 황량하게 만들고
잡으려 해도 잡히지 않은 허상
무형의 실체.

나 목

벌거벗은 나무들을 보아라
자랑스럽던 시절
다하지 못한 청춘의 아쉬움
모두 추억으로 묻고
태양마저 인색한 계절에
왜소한 몸을 아무 부끄럼 없이
자랑스럽게 내놓지 않느냐
매서운 칼바람에도
지지러지지 않은 의연한 자세
숱한 시련과 고난도
신진대사를 위한 다짐으로
한 계절을 묵묵히 보내는 슬기로움
번잡하고 차가운 세상살이
이렇게 살아야 한다고
묵시적으로 교훈하지 않은가

들 꽃

첫사랑 연인인가
수줍은 미소를 띠고
설레도록 자꾸만 유혹하는 들꽃.
산 그림자마저 인색하고
온갖 초목들이 소들소들한
고즈넉한 들녘
바람과 구름만을 벗하여
맑고 고운 자태로
뽐내지도 교만하지도 않으며
피곤한 길손의 벗이 되고
시와 노래를 만들며
늦서리 모진 바람으로
번거로운 세상살이 시근거릴 때
묵묵히 아름다운 향기를 풍기는 들꽃.
세상이 외롭다고 투덜거리는 나에게
조용히 다가와 자극한다
고독은 삶을 성숙하게 만드는 길이라고

물방울

대지를 휩쓰는
강물은 되기 싫고
나뭇잎에 떨어지는
귀엽고 해맑은 작은 물방울 되어
서로서로 몸을 묶어
메마른 곳을 적시고
이웃들의 다정한 벗이 되어
함께 즐겁게 노래하며
거센 바람도 아랑곳하지 않는
작은 물방울이 되고 싶다

으름

　우리 마을 뒤에는 적대봉이라는 높은 산이 있습니다. 어린 시절 친구들과 함께 참나무 도토리나무 맹감나무를 뒤로 하고 긁히고 넘어지며 비탈진 가시밭길을 헤쳐 다보록한 적대봉 골짜기에 이르면, 자생한 으름이 주렁주렁 넝쿨을 이루어 다정한 친구처럼 반겨 주었습니다.

　달콤한 맛을 자랑하는 으름은 으뜸가는 군음식으로 우리들 가슴을 푸른 하늘로 부풀어 올렸고, 흉년으로 텅 빈 배를 채워 주어 종일 웃음으로 넉넉히 날 저문 줄을 몰랐습니다.

　으름을 가지고 길거리에 나서면 낯선 아이들은 그게 맛있냐고 비꼬듯 시샘하면 "하믄, 징하게 맛있당께." 깃발처럼 어깨를 으스대면 그들은 부러워 우리 뒤를 따랐죠

　산에서 내려온 어른들의 나뭇짐에 얹혀 있는 으름 송이를 보고 나비들도 맛을 알고 춤을 추며 즐겁게 따랐답니다.

　그러나 오늘날 사람들은 이 땅에서 자란 으름을 모르고, 체질도 맛도 내 것이 아닌 키위 등으로 만족하며 즐거워하자, 으름은 찾는 벗도 없이 깊은 산골짜기에서 친구들을 기다리며 외롭게 말라가고 있답니다

　내 것이 제일인데, 외로운 산골짜기의 으름에 웃음을 실어 줄 날이 없을는지요

작아서 행복하다

'태풍 한반도 강타!'
큼직한 활자
높아지는 아나운서 목소리
대지는 부산하게 온통 긴장이다

이십여 년 만의 폭풍우
우악스럽게 땅을 흔들고 가르자
우람하게 힘을 자랑하던 거목들
피부가 찢기고 허리가 꺾여
지나온 발자취를 불안해하며
포효처럼 비명을 토한다

넓고 높은 자리도 모두 거절하고
궁색한 자리에서
시답잖다고 짓밟히던 작은 풀들
퍼붓는 비바람으로 몸을 청초하게 씻고
불어오는 바람으로 파릇파릇
청순한 이파리들을 자랑스레 쏟아낸다
작아서 행복하다고

도시의 0번지

채소요—, 고구마요—
길고 구성진 목소리도
분주히 거리를 누비던 배달 오토바이도
모두 어둠에 묻히고
먼지를 뒤집어쓰고 회색 정글을 누비던
마을버스도 지쳐 숨죽이는 시간
아파트 불빛마저 낙엽같이 가녀린 시간
도시 변두리 좁다란 빈터에
낡은 통기타 소리에 서툰 박자로
모두 합창을 하며
삶에 지친 마음들은 싱싱한 풀잎처럼
메마른 도시의 밤은 흥건하다
질투도 욕망도 모두 다 버리고
서먹할지라도 다정하게 얼굴을 맞대고
즐거운 장면을 이루며
돌잔치 결혼 얘기 이웃집 자선 얘기로
풋풋이 영그는 도시의 빈 터
내일을 향한 새 장을 연다

머루알

척박한 산기슭
거미줄처럼 헝클어진 넝쿨
가느다란 체구에 주렁주렁
흑자색 옹골찬 열매를 마구 쏟아낸다

숨 막히는 지층
해충의 할큄도 비바람의 공포도
아무 두려움 없이
생명을 탄생하려는 욕망은
가녀린 뿌리로 컴컴한 지각을 뚫고
탐스럽게 푸들푸들 이파리를
드넓은 공간으로 틔웠다

천둥이 몸을 뒤흔들고
뙤약볕이 모세혈관을 찢는 아픔에도
강인한 핏줄로 이웃과 몸을 묶어
황록색 향기를 내뿜으며
매혹의 아름다운 꽃을 피웠다

결실을 향한 강한 의지로
온갖 고난과 유혹을 극복하고
계절의 아픔을 털어낸 영글찬 머루알
생명의 의지를 사랑하는 지혜의 산물이리라

갈림길에서

자신만의 붓글씨체를
그는 오래 전부터 자랑으로 여겼다
주산 왕이라고 불리던 어릴 때 선생님이
모바일을 보고 기운이 없어 보일 때
타자를 잘 치던 누나가 컴퓨터를 보고
시름에 젖어 울상이 되어 짜증을 부릴 때
왠지 동정심으로 그도 함께 고민하였다
문명의 갈림길에 서서
그는 자기만의 붓글씨체로
백지를 까맣게 채우며 자랑스러워했다
어느 날
개성 있는 자신의 글씨체로
잘난 체, 멋있는 체, 흡족한 체
거늑하게 어느 회사 시험대에 자신감으로 섰다
시험관이 묻는 말
"수험생의 특기는 무엇인가요?"
"붓글씨체입니다"
쩌렁쩌렁 자신 있게 소리 지르며
붓글씨를 보여 주자 시험관은 다시 묻는다

"금년이 몇 년인가요?"
그는 말없이 돌아서서 시계를 보았다
깜빡 이렇게 시간이 흘렀는가
내 붓글씨는 빛이 바랜 유물이라는 말인가
오래 간직하고 자랑도 하고 싶었는데
허탈한 웃음 속에 옛날이 그리워지는
아쉬운 마음은 그치지 않는다

고국이라 하여 왔는데

긴 한숨은 창을 흔들고
파리한 얼굴은 주눅이 들어
풀이 죽은 목소리로
"어서 빨리 오십시오."
두리번거리는 눈은 죄인이 아니란다

할아버지 고국이라고
한 핏줄을 찾아 사경을 넘어 왔는데
태양이 두려워 그늘에 숨어
야광충마냥 밤에야 겨우 얼굴을 내미는 신세
긴장된 호흡은 홀을 꽉 채운다

가슴을 죄며
밖을 자꾸 응시하는 곁눈질
억지로 힘을 주는 가냘픈 목소리
"한 잔 더 많이 받으시오."
수줍은 미소로 겨우 밀어내는 듯한
가늘고 서투른 잔잔한 목소리
우리말 우리 목소리 우리의 정 그대로다

떨리는 가슴이건만
살아야 한다는 과제 앞에
내일도 또 거듭해야 하는
안쓰러운 연변 아줌마
그렁그렁 눈물 맺힌 눈시울
바라보다 나는 그만
삼겹살 한 조각을 바닥에 떨어뜨린다

부활

싱싱하게 푸르름을 자랑하던
나뭇잎
스산한 바람에 생을 마치고
조용히 몸을 땅바닥에 내려놓는다
엊그제 화려한 시절
입이 마르게 찬양하던 행인들도
힘이 없다고 빛이 바랬다고
거들떠보지도 않은 서글픈 처지
낮은 자리에서 짓밟힘을 당하면서
몸이 찢어지는 매서운 추위를 견디며
세상을 구원한 예수그리스도의 가르침으로
다른 생명체를 위해 거름이 되는 희생으로
새 생명들을 싹 틔우려는 거룩한 정신
부활의 삶
너만이 지닌 자랑이다

나의 동반자

너를 처음 만난 건
청소년 시절 남쪽 항구에서였다
처음엔 성격도 모르고
이방인에 대한 거부감으로 경계했지만
야릇한 네 체취에 마음을 빼앗겨
다정하게 수십 년의 세월을 같이 걸어왔다
너는
오순도순 정겨운 얘기로
거미줄같이 얽힌 내 고뇌를 녹이며
사색의 시간도 마련하고
부드러운 네 살결에 투박한 입술을 대면
향긋한 체취로 힘을 주며
세상 모두 내 곁을 떠나가도
너만은 곁에서 아름다운 이야기를 쏟으며
사랑의 요정으로 동반자가 되었다
너의 힘으로 가시밭길도 헤쳐 오고
고통도 괴로움을 딛고
달나라도 다녀오고 옛날 신선도 만났다
영원히 함께 할 나의 동반자 커피

내일이 있기에

길들여진 습관이었나
열정으로 매달린 초롱초롱한
얼굴들을 보내고
짙은 어둠에 자정이 가까워지는 시간
맞문한 채 찾아드는 좁은 공간
차가운 문고리는 무겁기만 하고
미소를 지니고 반겨 줄 사람은
나만의 착각으로
얼음 같이 차가운 벽만이 맞아 준다

지친 몸으로
모세혈관이 움츠려드는 시간
다정한 대화로 따스한 체온으로
얼어붙은 마음을 누그러뜨리고 싶건만
바람만이 꽉 차 있는 차가운 방
창문을 비집고 들어오는 희미한 별빛
습관처럼 커피만 벗 삼아
질서 없는 사색에 빠져 보나
후두두 창문을 때리는 소나기에

생각은 파편처럼 흩어진다

차가운 베개를 벗 삼아
스스로 이겨 내는 공허한 마음
무겁게 짓누르는 어둠의 위력에
묵묵히 맞아야 하는 시간
내일이 있기에

낮은 마을

잠시 지나가다
이 마을을 들여다보세요
비탈진 산자락 끝
작은 가슴들이 서로서로 뜨겁게 맞대고
좁지만 넉넉하게 사람 사는 곳이랍니다

잡초들 무성한 벌레들 서식지
쓸모없다고 내버려진 궁색한 땅
척박하고 무가치한 공간을
땀과 정성으로 닦고닦아
낮은 처마이건만 뜻은 하늘로 띄우며
강한 호흡으로 정겹게 살아가는
살가운 사람들의 보금자리랍니다

적은 하늘빛만으로도
삶을 지독히 사랑하는 작은 가슴들
숟가락 부딪히는 즐거운 소리
몸집 큰 사람들에게는 먼지 싸인 부스러기라고
개발이라는 이름으로 밀어 내고 싶겠죠

야멸스러운 몸집 큰 사람들이여
이 마을을 가년스럽게만 보지 말고
눈을 크게 떠서 들여다보시오
암팡진 사람들의 삶의 열기가
강강하게 타오르고 있답니다

이왕 지나는 길에
마시다 남은 소주 한 잔이라도
가벼운 마음으로 주고 가시구려
꽃은 좁은 공간에서도
향기를 잃지 않고 아름답게 피어납니다

요새 붕어는

찬바람이 기세를 펴는 계절
어린 시절 향수는
슬며시 나를 골목으로 끌어들인다
교만하게 버틴 거대한 건물 뒤 한 모퉁이
텁수룩한 수염을 자랑으로
소탈한 웃음으로 아이들을 주렁주렁
붕어빵 아저씨는 오늘은 황제다
묽은 반죽에 한 마리 세 마리……
설익어도 후후 배는 요동치며
아지작거리는 해말간 입들
해리포터도 컴퓨터 게임도 모두 달아난다
나는 아이들 틈새에 장대처럼 끼어
잃어버린 지난날의 추억을 사려고
천 원에 몇 마리죠?
구겨진 지폐를 덥석 꺼내어
마디 굵은 손에 선뜻 얹는다
한 마리 더 드리죠 붕어빵 황제의 친절에
마음을 따뜻하게 녹아난다
"아저씨, 왜 붕어에 창자가 없어요."

애꽂은 아이의 질문에
"요새 붕어는 오염된 물을 먹응께 그러제."
익살 낀 웃음은 골목을 꽉 채운다

여름 산

봄 산이
첫사랑의 흥분을 일으킨다면
여름 산은
성숙한 여인의 가슴처럼 포근하다

파들파들한 초록빛
계곡을 흐르는 청량한 물소리
새들은 떡깔나무 가지에서 막춤을 추고
다람쥐는 무료하여 낮잠에 드는
몸이 시리도록 풋풋한 여름 산

짙은 초록빛 바다 깊숙이
시진한 몸을 흥건히 적시고
측백나무 잎 사이로 부유하는
맑은 공기를 들이마시면
더께더께 낀 속세의 때를 씻고
여유로운 마음으로 기운이 충만하다

싱싱하고 푸르른 품

모든 생명들의 안식처로서
생동감을 일으키며
내려가는 발걸음을 자꾸 잡아당기는
포근한 여름 산

반려견

높고 넓은 화려한 주택들이
교만스레 떡 버티고 있는
인적도 뜸해 오싹한 성북동 한 골목
쓰레기 분리수거함 옆에
뜨거운 호흡이 정지되어 가는
반려견 한 마리
조금 전까지
주인을 섬기며 재롱으로 봉사하던 귀여움은
네 다리와 부드러운 털에 아직 남아 있는데
섬김과 귀여움으로
문지르고 핥던 사랑을 못 잊어
깊어가는 증오인가
눈도 채 감지 못한 채
웃음이 죽고 재롱이 죽어가며
마지막 체온을 털어내자
바람도 차갑게 우두커니 멈춘다

반달곰

죄 없는 죄수로
독수리 눈빛의 병자의 부르짖음으로
입맛을 다지는 무리들
비곗덩어리 살찌우려고
너의 몸은 갈기갈기 찢기었다
잠시 후
어느 시커먼 창자에서
영원히 잠들어야 할 운명
덫을 놓고 덫에 죽어
네가 누운 자리에 함께 누울 자들에게
너는 마지막 무슨 생각을 했을까
사랑과 재롱을 피우는 대가로
애증으로 눈을 감지 못하고
죽음으로 보상 받아야 하는
안타까운 네 운명
생명을 마음대로 주무르는 재주
그래서 인간을 만물의 영장이라고 하는가

탱자나무

저녁 안개처럼 포근하게
대장간 시우쇠처럼 강인하게
살아가고 싶건만
지나온 궤도를 돌아다보면
포근함도 강인함도 부질없는 꿈으로
허겁지겁 달려온 희미한 그림자
뒷산 뻐꾹새 울음 토해 내는
버거운 짐을 지고 비틀거릴 때
눈앞에 우뚝 선 탱자나무 열매
모진 계절의 고통을 모두 극복하고
강인한 정신으로 우뚝 성장하여
가시 위에 영근
파아란 하늘을 물들이는 노오란 탱자 열매
가슴을 포근히 적시고 있다

인생

노인이 산을 오릅니다
높은 산을 힘겹게 오릅니다
가면서 나무도 보고 꽃도 보면서
새롭다고 아름답다고 좋아합니다
높은 계단을 오르거나 험한 산길을
숨이 차고 미끌어지기도 하며
오르기 힘들어 하자
젊은이들이 옆에서 거들어 줍니다
드디어 정상에 올랐습니다
스틱을 놓고 땀을 씻고
넓은 바위에 너부죽이 앉아
펼쳐진 하늘과 들을 바라보다 한마디 합니다
"고통스러워도 오르는 길이 더 즐거웠다."고

원圓 구상

　원은 평면 위의 일정한 점에서 같은 거리에 있는 점들의 집합체이다.
　포물선은 평면 위에 하나의 정점과 하나의 정직선이 주어진 경우 직각으로부터 거리가 같은 점의 위치다.
　이 두 대상은 성격이 다르다. 포물선은 굴곡으로 비틀거리고 원은 풍만하고 영원한 사랑이다.
　나는 원을 그리고 싶다. 아내도 자식들도 내 의도를 까맣게 모른다. 아내는 그리다가 중단할 거라며 그만두라고 하지만 나는 가다가 생각이 마를지라도 포기하지 않겠다고 당찬 의지를 다진다. 원은 일정한 거리를 유지하고 사랑으로 채우면 가능하니까.
　오랜 각고에도 원은 이루어지지 않는다. 미세한 점도 가느다란 평면도 없고 선도…… 정열을 쏟은 몸은 시진해지려 한다. 원을 그리는 내 정성은 약해지고 0.5의 시력마저 바투보기로 변한다. 힘을 잃고 비슬거리며 의욕은 시험을 받는다. 아무리 보아도 원을 채울 감미로운 내용은 잡히지 않는다.

　인정은 메마르고 삶은 더께가 끼고 누룽지 같은 생각

은 그물에 잡힌 문어발처럼 버둥거리고 있다. 선과 색이 뒤죽박죽 화음을 이루지 못하고 비틀거린다.

　채울 것이 없어도 기어이 완성하려는 내 황소의 뚝심은 중단할 수 없다. 태도를 바꾸어 눈을 작게 뜨자마자 작은 사랑 얘기들이 갑자기 내 마음을 자극한다. 설렌다. 철길에 뛰어들어 사람을 구하다 생명을 잃은 젊은이, 평생 모은 재산을 대학에 기부한 셋방살이 할머니 등 흥분이 가라앉기 전에 채워야 한다. 모든 사랑을 바라보는 내 눈의 거리가 같은 위치를 지니면 원이 되니까

　붓이 움직이고 화판이 꿈틀거린다. 원은 나타나기 시작한다. 몇 개의 포물선이 요동치다가 모여서 작은 원이 완성된다.

　선은 사랑을 가득 싣고 똑같은 거리에 선 평면이다.

　원은 작은 이야기로 완성된다.

　세상은 둥글게 살아야 하는 원이지 않을까.

4부

마음이 머무는 자리

수수께끼

까다로운 과학 문제
고차원 수학 문제까지
시원시원히 풀고
수수께끼도 잘 맞추는
달인이
풀지 못한 하나의 수수께끼로
밤낮으로 끙끙 앓는다
"나는 무엇을 위해 사는가?"
해답은 자신에게 있는데

작은 뿌리

작아도 뿌릴 내려야 한다
칠흑 같은 어둠 속 온몸을 다해 악지스럽게
뿌리를 내리려 버둥대는 건
화사한 꽃을 피우려고
더욱이 많은 열매를 맺으려는 건 아니다
작고 연약한 체구이지만
생명체로서 생명의 질서에 들어서
최소한 수분과 영양분을 얻으려는 바람인데
거대한 뿌리들은 작은 뿌리에게 인색하게
비집을 틈조차 방해하고
애면글면하며 이웃에게 손을 내밀어도
혹시 짐이 될까 고개도 돌리지 않는다
감때사나운 지렁이 두더지 개미 번데기 들은
뿌리를 물어뜯고 자기 영역을 넓히려고 발악한다
욕망과 이기심으로 덮인 땅을 뚫고
뿌릴 내려 생명을 유지하려는
작은 뿌리들 옹골찬 소망이
언제쯤 실현될 수 있을는지
작은 뿌리가 많아야 생태계는 원만한데

배 신

잔다랗다고 천하다고 쓸모없다고
길거리에 자라는 민들레를
짓밟고 돌아보지도 않고 가더니
어느 날 갑자기
혈당이 높아졌다고 허겁지겁
한 잎이라도 더 많이 뜯으려고
민들레를 찾아 밤을 낮으로
눈을 부릅뜨고 산지사방으로 헤매인다
바람은 너울거리며 미소를 짓고 있다

들국화

너로 인해 외롭지 않게
내 한 길을 걸어올 수 있었다
따스한 볕도 거절하고
찬 서리를 몸에 두르고 외로운 자리에서
지는 계절의 끝자락을 잡고
청순하게 피어난 들국화
고운 자태를 뽐내지도 않고
차가운 바람에 움츠려 들지도 않고
연약한 체구로 모든 걸 극복하고
소슬바람으로 은은히 풍기는 청초한 향기
각박한 세상살이 무거운 짐을 지고
거친 황야에서 고군분투할 때
네게 다가가 포근히 안기고 싶건만
청순하고 아름다운 모습
외롭게 피어 있는 너를
보는 것만으로도 만족하며 살아왔단다

해바라기처럼
－남편을 잃고 목회하는 제자를 보고

누가
삶을 힘겨운 고통이라고
인생을 허무하다고 투덜대는가

사랑을 채 느끼기도 전에
척박한 정치 현장에서 남편을 보내고
외로운 삶의 가시밭길에서
강인한 정신으로 우뚝
원망도 없이 성실히 살아가는 모습
연륜을 넘어선 지혜의 산물이리라

언젠가는 육신을 버리고
주님의 품에서 영생하기를 바라며
씨 뿌리고 가꾸며 소금의 역할로 헌신하고
외로움을 신앙으로 극복하며
복음의 씨앗을 뿌리는 옹골찬 삶
지열도 꺾지 못할 강한 의지이리라

기-ㄴ 인생 험로

태양만을 바라보는 해바라기처럼
모든 유혹을 물리치고
믿음만으로 걸어가는 올곧은 삶
폭풍도 꺾지 못할 불같은 신앙이리라

숱한 고통과 눈물을 극복하고
욕심 없이 살아가는 강한 의지
메마른 땅에 뿌린 깊은 신앙은
아름다운 꽃으로 영원히 피어오르리라

한가위는 다가오는데
-포장마차 철거 현장을 보고

육중한 발길
가슴을 찢는 비정한 힘
두려움에 떨며 붉게 달아오른 얼굴
'질서'란 무기로 인정사정없이
걷어차는 위력에
포장은 찢기고 소주잔은 날아간다
며칠 후면 한가위인데
사시나무처럼 벌벌 떨며
땅이 무너지는 서글픈 한숨
예매한 귀성열차표는 달아나고
보고 싶은 가족들 모습이 사라지고
어머니 내복 한 벌 조카의 만화책도 달아나자
하늘을 향해 통곡하는 왜소한 가슴
작은 사람들은 어디에 의지해 살고
따스한 국물 한 잔에 정담을 주고받으며
차가운 마음을 달래던
작은 사람들의 자리는 어디에 있는가
달빛마저 차갑게 흐른다

나만의 세계

음치인들 어떠랴
박치라고 탓하랴
막춤에 곱사춤에 개다리춤으로
나만의 멋으로 나만의 세계를 연출한다
굳어진 살점을 하나하나
탬버린 가락으로 녹여내고
현란한 사이키데릭 조명에 정열을 토하며
맵고 쓰디쓴 삶의 굴레에서 해방되어
나만의 디자인으로 각색하며
즐거움을 만끽하는
흥겨운 공간
발랄하고 생기 넘치는 노래방
별은 빛나고 지구는 돈다
잠시 후
찬바람에 나뭇잎이 떨어지는 거리에
발걸음이 허전한들
이 시간만은
삶이 충만하고 인생이 아름답게 그려진다

낯선 얼굴

얼마 전, 우리 마을에 낯선 젊은 얼굴이 나타났다 얼굴빛이 우리와 좀 다르고 우리말도 서투르다
그는 아침 일찍 밭에 나가 채소를 가꾸고 해가 중천에 떠오르면 화초를 가꾸며 서툰 박자로 '쨍 하고 볕들 날'을 즐겨 부르곤 하다가 점심때는 식당에 들러 된장찌개를 찾는다 이를 본 몇 부인들은 그의 얼굴빛에 놀랐는지
"얘, 외국인이야."
곁눈으로 빗뜨고 걸음이 빠르다
나는 젊은이에게 다가가서 물었다
"어느 나라에서 오셨어요?"
"이웃 가까운 나라서 왔습니다."
"무슨 음식을 좋아하세요?"
"댄장 찌개 매우 많이 좋아해요."
서슴없이 대답한 서투른 우리말에 정은 넘친다
"무척 부지런히 일을 하시던데요."
"재밌습니다. 새로운 일을 하니 많이 즐거워요."
목소리에 힘이 실리고 얼굴은 편안하다
그에게 소주를 한 잔 따르자
낯선 얼굴을 보고 곁눈질하고 가던 부인들이 들어와

소리를 높인다
 "아이드 라이크 투 해브 피자 한 판"
 서툰 목소리로 수다를 피우자
 식당 안은 모두 웃음바다를 이룬다
 겉과 속이 같아야 하는데
 바람마저 메마른 공간에
 낯선 얼굴이 다정하게 꽉 채운다

생존경쟁

배고파 우는
짐승의 포효 같은
삭막한 도시의 거리에서
뙤약볕을 안고
젖먹이 힘까지 쏟으며
풀코스를 뛰어야 하는
마라토너의 고통

하얀 밤

따가운 햇살에
한낮을 통증으로 앓다
우두커니 밤을 맞는다
달도 폭염에 지쳐
가린스레 서산마루에서 졸고
풀벌레 소리에도 전율을 느껴
여린 마음은 자꾸만 침몰해 간다
수인처럼 묶인 일의 쇠사슬에서 벗어나
인적 뜸한 바닷가를 찾아가
한 조각 치즈에 캔맥주라도 의지해
두터워진 각질을 우수수 털어버리고
시간을 잊고 흥건히 적시고 싶건만
여유 없는 시간으로 바람은 무너지고
한 줄기 소나기라도 기다리건만
하늘도 매정하게 미동도 않는다
억지로 수면의 강을 건너며
탑을 쌓았다 허물었다
밤은 하얗게 침대마저 삐걱거린다

나 비

나비는 꽃을 사랑한다.
꽃은 나비를 부른다.

꽃은 고독하다. 향기를 뿜으며 나비를 부른다. 나비는 꽃에 다가가려고 주위를 맴돌다 억세게 달려들어 용을 쓰는 벌들의 서슬에 틈새를 비집지 못하고 서성거리다가 돌아간다. 더 적극적으로 다가가야 해, 동정하던 풀잎의 말을 듣지 못한다.

간사스러운 여우 뱃가죽 두터운 두더지 꽃에 다가가려 용을 쓰지만 꽃은 역겨워 구토를 하며 거부한다. 벌들은 목말라 발버둥치지만 꽃 주위의 잡초마저 고개를 돌린다.

꽃은 계속 나비를 부른다. 나비는 다시 다가가려고 안간힘을 쓴다. 술에 취한 놈 지폐를 세는 놈 사타구니를 노략질하는 놈 질서를 잊어버리는 놈 탐욕이 가득 찬 더러운 창자를 씻어내려고 꽃을 맴돌며 열을 올린다.

나비는 주춤거린다. 나비는 거리를 두고 꽃을 바라본다. 나는 태도를 바꾸어 본다. 꽃잎의 특성을 알고 서서히 접근한다. 꽃향기는 조용히 퍼져 나비 주위를 감돈다. 꽃과의 거리는 인내의 시간이고 그리움의 깊이다. 향기는 조용히 다가오고 나비는 만족하여 노래한다. 나비와 꽃은 진하게 포옹한다.

   꽃은 나비를 부른다.
   나비는 꽃의 향기를 마신다.

   진리에 접근하기가 이토록 어려운가.

어 촌

"물때가 됐제라 이."
"요번엔 만선할랑께 한번 보시오."
갯가 사람들 발걸음은 분주하고
남편을 바다로 보낸 어멈은
비바람에 가슴을 바짝 졸인다

뱃놈이 싫다고 도시로 나간
아들 녀석은 소식조차 감감하고
공무원 시험에 합격해 도시로 간 딸내미는
한 달 후면 결혼한다고 졸랑대나
어촌 자금 독촉장을 받아든 어멈은
바다로 간 애비를 기다리느라
가는 눈은 책력에 구멍을 뚫는다

만선으로
그물처럼 얽힌 마음을 추스르려 하나
매운바람으로 마음은 더욱 찌들고
해마다 거듭되는 바닷물 오염으로
한숨은 대들보를 마구 흔든다

비릿한 생선 한 토막 물고
울타리 밑에서 졸던 강아지는
툇마루에서 한숨짓는 어멈 옆에서
힘없이 눈알을 굴리고
짭짤한 갯바람은 집안에서 물러나지 않는다

입 춘

따스하게 부는 바람에
움츠렸던 대지가 가슴을 펴자
초목들이 기지개를 켜고
잔디들은 새 옷으로 갈아입고
잠자던 청개구리 한 마리 성큼
나뭇가지에 웃음을 띠고
나비들은 즐거워 군무를 쉬지 않는다
깊은 겨울의 강을 건너온 생물들이 모두
수척해진 몸에 영양을 채우고
마을은 잠에서 깨어나
들로 바다로 발걸음이 한창인
생동하는 봄
작은 사람들에게도 봄이 찾아와
가슴을 펴고 막춤이라도 즐겼으면

고도孤島

나는
험한 골짜기
가파른 절벽 위에 섰다
꿈을 위해 몸부림치던 나날들
비바람이 거세게 몰아치자
모든 게 비참하게 무너졌다
의지할 곳도 찾아오는 사람도
미워하거나 저주할 사람도 없이
밀물처럼 밀려오는 고독으로
몸과 마음은 움츠러들어
세상 모든 게 싫어져
폐쇄된 공간에서 혼자 통곡했다
비마저 짓궂게 계속 내렸다

용봉동의 밤

지친 몸으로
화려한 불빛이 난무하는 용봉동 골목
어제 다 마시지 못한 잔을 찾아
발길들이 빠르게 빨려 들어간다

별것도 아닌 삶
얼어붙은 작은 가슴들
삼겹살에 소주잔을 부딪치며
끓어 오른 욕망들을 술로 발효하여
지쳐 뻐근해진 근육을 풀자
찌뿌둥한 몸은 금세 활기를 띠고
서툰 곡조로 인생을 풍월하고
흥그러운 이야기로 정은 깊어 간다

낯선 얼굴인들
생소한 푸념인들 정겹지 않으랴
쓰린 사연으로 모두 한 둥지인데
감추어 둔 마음을 시원히 털어놓으며
다양한 먹거리로 주고받는 술잔

달도 발길을 멈추고 포근한 미소를 보낸다

자정을 넘어 마지막 잔을 따르려 하자
"워매, 볼시럼 갈랑기요. 안주가 남았그만."
마음을 끄는 아가씨 정
마음은 더욱 깊어지나
아쉬움을 빈 잔에 남겨 두고
늘어진 무릎에 힘을 실어야 한다
내일의 태양을 맞이해야 하므로

*용봉동 : 광주광역시 북구에 먹자골목이 있는 동.

에스라인 브이라인

향긋한 흙냄새에 묻힌
주름진 얼굴에 구부정한 허리
노동으로 지친 여윈 몸
땀 흘려 작물을 재배하면서
오늘도 자식 걱정에 미음을 태우는
시골 자드락밭의 어머니

얼굴짝도 보이지 않던
매정한 사랑스런 자식들을 혹시나 하고
자꾸 정류장으로 돌리는 힘 있는 고개
뙈기밭을 일구는 손은 분주하게
잠시도 그치지 않는다

우직스럽게 쭈그러진 흙담집을 보금자리로
땀에 젖은 기운 옷을 만족하며
"여그서 죽을 끼여, 대처는 싫단께"
마지막 생명을 마칠 편한 곳이라고
"정이 있어야 살제라."
풀내음이 짙은 이끼 낀 돌담길을

가녀린 몸을 지팡이에 싣고
정으로 살아가는 옹골찬 마음

가야 할 날은 멀지 않은데
몸에 젖은 천직을 버리지 못해
고추 하나 가지 하나라도 더 얻으려고
자드락밭을 바지런히 오르내리는
굽어진 허리는 에스라인이고
겹겹이 낀 주름살은 브이라인이다

골목길

한 뼘 남은 햇살도
하루를 보내기 아쉬워
꼬리를 길게 늘어뜨리는 시간
인정이 살아 있는 소박한 골목

자판기에서 동전 떨어지는 소리
부추 한 단 들고 희색이 가득한 아줌마
쉰 목소리로 골목을 채우는
채소장수 아저씨
서민들의 발자국이 덕지덕지 새겨진 길
정겨운 삶들이 넘치는
좁다랗지만 넉넉한 공간

달빛 하얗게 어둠을 밀치고 떠오르면
구수한 밀가루 빵 굽는 냄새
전 부치는 향내 잔 부딪히는 소리
노동자도 공무원도 부동산 사장도
오붓하게 한 자리를 틀어
쓰디쓴 하루의 이야기를

입술 닳아진 잔으로 꽃을 피우는
소박하고 넉넉한 골목길

밤이 깊을수록
가는 정 오는 정에 가슴은 넓어지고
정으로 흠씬 젖어드는 골목길
강아지도 덩달아 재롱을 부린다

소금

소금은 스스로 소금이라 하지 않는다
우리가 소금이라고 부르므로 소금인 것이다
소금은 본디 하얀 게 아니다
우리가 하얗게 인식하므로 하얀 것이다
소금은 본디 짠 게 아니다
우리가 짜다고 느끼므로 짠 것이다
소금은 제 직분을 스스로 하는 건 아니다
우리가 필요한 데 사용하므로 직분을 다한 것이다
소금은 누구나 좋아하는 건 아니다
좋아하는 사람만이 좋아한 것이다
소금은
사람들의 건강을 지키며
모든 음식의 부패를 막아주는 건
우리가 그렇게 사용하므로 가치를 인정받는다
소금은
자기를 자랑하지 않는다
자신의 가치도 인식하지 않고
무얼 하는지 자기 직분도 모르고
찾는 사람이 있으면

신분을 가리지 않고 누구에게나 안긴다
사라지는 날까지
묵묵히 몸을 사르는 봉사로서 직분을 다한다
그래서 사람들의 사랑을 받는다

고추나무

허물어진 시골 논시밭 돌담 옆
외롭게 앉아 있는 한 그루의 고추나무
한 잎 한 잎
지나간 추억들을 떠오르게 한다
척박한 대지에서 사나운 계절과 싸우며
열매를 맺어 고운 빛깔로
뭇 사람들의 입맛을 충족해 왔는데
이제 아무도 찾지 않은 외로운 자리에서
힘없이 눈시울을 적시는 고추나무
어머니의 정성도 할머니의 보살핌도
돌아오지 않은 추억들을 되새기며
힘없이 늘어져 있자
고추잠자리 한 마리 맴을 돌고 있다

거리의 악사

낡은 기타 하나 가슴에 안고
익숙한 가락으로
대중의 박수 소리로 목을 축이며
좁다란 길도 드넓게
하루해를 즐기는 그늘 없는 얼굴들
한세상을 싫도록 사랑하고
분에 넘도록 사랑에 젖어 보고 싶지만
사랑도 명예도 탐욕도 모두 외면하고
노래의 무게에 눌려 몸은 왜소해도
낙타를 타고 사막을 걷는 외로움도 극복하며
피그를 잡는 손은 무학처럼 유연하고
물 흐르듯 흐르는 리듬
하늘을 향해 날개를 편다
대중을 사랑하고 대중과 즐기며
인생을 나름대로 만끽하며
휑한 거리를 경쾌한 가락으로
넉넉하게 채우며 보람 있게 살아가는
거리의 악사

옥상옥
-가난한 친구 이야기

 겨울 낮 2시 30분.
 태양은 지구 중심에서 기울인다.
 욕망이 화산처럼 들끓는 육중한 건물들 사이 먼지를 뒤집어쓴 채 몸을 웅크리고 있는 낡은 건물 오층 옥상옥. 너덧 평의 오붓한 둥지. 몸은 흔들리며 머리는 돈다. 토끼새끼들은 별을 많이 볼 수 있다고 즐겁게 동요를 부르나 자괴심은 가슴을 짓누른다. 방이 춥다고 투덜거려 체온으로 추위를 극복하라고 두 토끼새끼를 가까이 묶으나 창문으로 들어오는 바람에 움츠리며 울상이다.
 하품도 지겨워 구겨진 신문을 뒤적거리며 수인의 휴가 같은 구직 소식을 더듬으나, 시력은 흐려지고 파닥거린 욕망은 로또에 눈독을 들이나, 재수는 옴 붙어 숫자는 거꾸로 박힌다. 전세 올라 한숨에 혹한까지 곁들어 벽이 무너지는 고통을 낡은 옷처럼 벗어 버리려고, 신문을 뒤적이며 고물고물 이야기를 찾으나, 겨우 야구 얘기 축구 얘기로 심열을 가라앉힌다. 토끼새끼들이 군고구마가 먹고 싶다고 하자 마음은 왜소해지고 면바지에 구겨진 만 원짜리 한 장은 때가 끼인 지 오래다.
 마음은 자꾸 옛날로 달려 군불이나 연탄불이 그립건

만 모두 강 건너 불이고, 추위를 극복하겠다고 외국으로 떠나는 영종도 공항은 북새통을 이룬다는 아나운서 목소리는 별세계 사정으로 탁한 공기에 밀려 귀를 막는다.

　스스로 마음을 달래려고, 눈을 헤치고 산토끼를 쫓고 썰매를 타고 논을 달리며, 섶나무 불에 고구마로 따뜻한 입김이 피어오르던 지난날들을 풀어 토끼새끼들에게 들려주자, 손뼉을 치며 그치지 않은 웃음에 구겨진 마음에 없는 기운이 다소곳이 꿈틀거린다.

　토끼새끼들아, 우리는 남보다 하늘 가까이 살아가니 별을 볼 수 있어 얼마나 행복하냐? 어울리지 않은 자위로 어설픈 웃음을 혼자 흘려본다.

새들은 재촉하는데

가쁘게 두근거리는 마음으로
검문소를 지나 적근산을 넘어서자
고즈넉한 철원 평야가 시원히 펼쳐진다

3·8선을 넘어
녹슨 철조망을 가까이 하자
호흡은 빨라지고 가슴은 뛰는데
발길은 마을을 따르지 못하고
왠지 자꾸 주춤거리자
수많은 두루미 떼는 눈앞에서
반가운 듯 유유히 맴돌고 있다

새들이 부러워 셔터를 누르자
카메라 앞까지 다가와
더 가지 못한 발길을 조롱하듯
박아 놓은 긴 쇠창살을 넘어
남과 북으로 곡예하며
끼룩끼룩 발길을 북으로 재촉한다

녹슨 쇠붙이를 뛰어넘어
북으로 달려가고픈 간절함
북녘땅을 물끄러미 바라보다
그만 '민통선'이라는 세 글자 앞에
무거운 발길을 돌리자
허리 꺾인 한 그루의 소나무가 울고 있다

영등제

음력 이월 초하룻날
궂은비 내리고 바람이 차가운 날
머언 먼 강남 외눈배기 외딴 섬에서
하늘신 영등 할멈이
바람 타고 물결 따라 고이고이 오기를
비나이다 비나이다
그 날이 오면 바람 잔 하늘에
미역 전복 해삼 성게 주렁주렁
해녀 가슴엔 꿈이 부풀고
까치놀에 한숨짓던 선인들은
용왕기 끝에 만선을 그리며
스스로 풍만한 웃음을 짓는다오
임을 기다리는 칠머리당엔
돌담 막아 영등할멈 기다리느라
바다로 눈을 두고
할망 아지망 비바리 선인네들
쌀과 밥 생선 계란 돼지머리 술동이에
신명에 살장과 신위로
정성도 부족타고 눈물로 매웁니다

옛날 벼락이 치던 날
노여움에 이 땅을 떠나 바람맞이 외곬에서
원망을 품고 머무르는가
심방의 붉은 도포 자락
궁다닥궁닥닥 장고소리 땅을 가르고
울긋불긋 종이술 요령은 애환을 죽여
신칼은 문 앞의 액운을 쫓네요
댓잎으로 정화수 뿌려 임의 자리 마련할 제
파파파…… 대영 소리 바다를 울리고
댕댕댕…… 설쇠는 섬을 감싸네요
한 발 한 발 날렵한 도랑춤은
얼쑤 덩기덩기 덩덕궁 함박 같은 웃음으로
넋을 놓고 임을 부르네요
임이 오면 해와 달이 춤추고
임의 숨결이 바다를 감싸면
바람도 거친 숨을 그친네요
수륙만리 머나먼 길 날파람잡지 말고
영원히 이 땅에 어서 오소서
오늘도 선인과 해녀들은 당신의 발자국 소리를
설레임으로 기다리고 있답니다

매 미

오랜 세월
지하에서 굼벵이로 지내다가
애벌레로 지상에 올라와 빛을 보고
보름도 못 견디는 짧은 생애가 아쉬워
위태로운 나뭇가지에 달라붙어
슬픔을 삭이러 목청껏 울부짖는가
긴 장마에 지쳤는가
가는 계절이 아쉬운가
짝을 부르는 구애의 몸부림인가
그치지 않은 한 서린 울음
어느 사람에겐 공포를
어느 사람에겐 수면 방해를 하며
어느 사람에겐 귀찮은 존재로서
짧은 생애를 애절하게 울며 지내다
교미 한 번으로 세상을 떠나
다시 땅속으로 들어가는 안타까운 운명
비극적으로 한평생을 살아가는 운명이
어찌 너만이겠는가